AF275012

90
LOS VERSOS DE CORDELIA

LXI Certamen Internacional de Poesía Amantes de Teruel

Rumores Yámbicos

Primera edición en LOS VERSOS DE CORDELIA, abril de 2024

Edita: Reino de Cordelia
www.reinodecordelia.es
❌ 🄾 @reinodecordelia 🅵 facebook.com/reinodecordelia
▶ www.youtube.com/c/ReinodeCordelia01

Derechos exclusivos de esta edición en lengua española
© Reino de Cordelia, S.L.
C/Agustín de Betancourt, 25 - 6º pta. 13
28003 Madrid

El papel utilizado para la impresión de este libro, fabricado a partir de madera procedente de bosques
y plantaciones sostenibles, es cien por cien libre de cloro y está calificado como papel reciclable

© Maru Bernal, 2022, 2024

Ilustraciones de cubierta e interiores: Colección de jarrones de la Antigua Grecia de Sir William Hamilton
documentada por Pierre-François Hugues d'Hancarville

IBIC: DCF | Thema: DCF
ISBN: 978-84-19124-88-3
Depósito legal: M-9721-2024

Diseño y maquetación: Jesús Egido
Corrección de pruebas: María Robledano

Imprime: Técnica Digital Press
Impreso en la Unión Europea
Printed in E. U.

Cualquier forma de reproducción, distribución, comunicación pública
o transformación de esta obra solo puede ser realizada con la autorización
de sus titulares, salvo excepción prevista por la ley. Diríjase a CEDRO
(Centro Español de Derechos Reprográficos, www.cedro.org)
si necesita fotocopiar o escanear algún fragmento de esta obra
(www.conlicencia.com; 91 702 19 70 / 93 272 04 47).

Rumores Yámbicos

Maru Bernal

Índice

*Il destino degli umani é tessuto con il filo del mito, intendevano dire,
i nostri padri. Desideravano che lo sapessimo.*

El destino de los humanos está tejido con el hilo del mito, querían
transmitirnos nuestros padres. Querían que lo supiéramos.

ALESSANDRO BARICCO

*Dat mare, dat amnes, dat tibi terra viam.
Quae tibi causa fugae? Quid, Io, freta longa pererras?
Non poteris vultus effugere ipsa tuos.*

Te da paso el mar, te lo dan los ríos, te lo da la tierra.
¿Cuál es la causa de tu huida? ¿Por qué corres, Io, a través
de los dilatados mares? No podrás huir tú misma de tu propio rostro.

OVIDIO
«HEROIDAS» XIV vv. 102-105

I

De Circe a Calipso

CON EL SIGUIENTE envío de cantueso
te llegará también un hombre
que creí mío,
como lo creerás tú
durante un tiempo.

No te encariñes
demasiado de él,
es un ave de paso más.

Somos mujeres
de raíces duras,
encajadas en las aristas
de la tierra,

manos abiertas
al abrazo del mar.

Nuestro fue el naufragio,
suyo tan solo
el canto de sirenas.

II

De Calipso a Circe

Hace ya muchas mareas
que no recibo tus envíos,
el hipérico es el que más añoro.
Enjaulé al ave migratoria
a pesar de tus consejos,
renegado guardián de mi cuerpo,
insomne custodio de mis miedos.

Una isla con lastre
es un amor que zarpa.

La inmortalidad resulta tediosa,
mi querida Circe,
la soledad,
una férrea condena.

III

De Atis a Safo

Mɪ despedida
batiendo olas
frente al mar.

El silbido del viento
deshace las palabras
tierra adentro.

Despojada de mí misma,
me arropo en mi propia piel,
devoro cada uno de tus versos,
deslizo tu nombre entre las ruedas,
silencio el último adiós.
Ni siquiera este me pertenece.

IV

De Safo a Atis

No QUIERO casa de cuatro paredes,
una pobre silla de enea
arrimada a la ventana,
mis labores cotidianas
con algunas distracciones,
el cuidado de los hijos,
los requerimientos del hombre,
sus manos sobre mi cuerpo,
su voluntad
embridando el alma.
Sucesión de días en hilera
primorosamente dispuestos
uno frente a otro,
previsibles, metódicos, resignados.
El demoledor derecho consuetudinario.

Preciso una casa
tan vasta como mi mente,
denso olor a jazmín,
patios henchidos de luz,
risas en cada acequia.

En la umbría del cañizo,
gráciles manos aladas,
cantos monódicos, flautas,
inquietos pies que tintinean,
livianas túnicas abandonadas
al cómplice soplo del viento.

En ese lugar abierto al espíritu,
no ha de haber más servicio
ni devoción que el arte,
más dueño que la belleza,
otro empeño que el conocimiento,
más altar que la ciencia.

Vagará Eros, encendido,
de estancia en estancia
perfilando deseos;
brotarán epitalamios,
habrá libertad de obra y pensamiento.
Demorará Tánatos
la hora de la despedida,
quizá se detenga un instante, arrobado,
a escuchar alguno de nuestros versos.
Cada amante, cada amada,
tendrá aquí glorioso recuerdo:
Anactoria, Atis, Faón, Cleis, Lidia…
También lo tendré yo,
Safo de Lesbos,
puesto que yo misma
llevo la medida de mi nombre.

V

De Ágave a Sémele

SE ME HAN agrietado las manos
en cada herida de la tierra.
Me he hecho vieja
entre tus raíces,
líquidos huesos de lluvia,
quiebro de carnes abiertas
aullándole ebria a sus muertos.
Quejidos se entreveran
en cada brote del olivo,
suspiros en cada jara.
Culpa que se trenza
en un tirso de uvas secas
y este vino oscuro
que serpentea
—cálido— por mis venas.

VI

De Sémele a Ágave

Nunca te seguí al monte,
yo penaba por la mar.

Haz de mi cuerpo una barca,
convierte mi tirso en mástil,
que tengo la boca seca
de masticar tanta tierra,
que aún guardan mis caderas
el contoneo del viento,
que mis ojos se despliegan
en dos cormoranes blancos,
que se me llena
la boca de peces,
que no nací
para estos montes,
tan muerta y tan del agua.

VII

De Creusa a Hécuba

FUE LA TUYA una falta venial,
madre,
un pecado de omisión
cuando todavía
no existía siquiera
la noción de pecado.

Nunca conseguí tragar
a mi hermana Casandra,
ese desmedido afán
de protagonismo,
su machacona insistencia
en la desgracia,
su teatral puesta en escena,
sus ínfulas de vidente.

Quién no lo es
cuando todo tu mundo
se desmorona.

Ocupada en hijos heroicos,
guerras de Estado,
ominosas profecías
de tu ojito derecho,
te faltó tiempo para la única hija
que te dio lo que más querías,
la continuidad de la estirpe,
aunque fuera lejos de Troya.

VIII

De Hécuba a Creusa

AQUELLA última noche
de catarsis
en la playa abarrotada,
me lamenté por todos
y cada uno de mis hijos,
salvo por ti, Creusa.

Ni siquiera ese día
me desgarraste el alma,
esa fue tu discreta bendición.

IX

De Clitemnestra a Electra

Es el nuestro
un juego perverso
sobre un tablero de damas.

Tú acechas desde la rabia,
yo me escudo en el dolor.
Esa distancia insalvable
es la misma que nos aboca
a no terminar jamás la partida.

X

De Electra a Clitemnestra

CADA PIEZA ocupa su lugar.

La tenacidad que me sostiene en pie,
tus razones taladrando mi abandono,
el repetido fracaso de las treguas,
el ansia que me ovilla cada noche,
tu silencio al quiebro del alba.

Rencores enquistados en blanco y
negro,
sacrificio de damas, jaque a la reina.

XI

De Ifigenia a Clitemnestra

Todo terminó
con un golpe de viento,
apenas sentí llegar
el hacha del verdugo,
cosidos mis ojos
a los de mi padre,
un pozo de brea
más negra que la pez.

Un regato de sangre
se deslizó, cuerpo abajo,
hasta lo más hondo
mientras allá arriba,
el brazo todavía en alto,

rugía, poderoso,
el meltemi.

Desde este lugar raíz
en el que ahora
me encuentro,
mis reproches
no son para él
—sabía perfectamente
lo que hacía—,
fuiste tú, madre,
la que me soltaste de la mano.

XII

De Clitemnestra a Ifigenia

HAY que saber
mascar bien la herida,
escupirla
triturada cada noche,
romper el sello
que atenaza la garganta,
aguantar el golpe agrio
de la arcada,
vivir a duras penas
erguida sobre la tierra,
entender el porqué
de semejante castigo.
Dicen las viejas
que las víctimas
son los peores verdugos.

Ojalá pudiera regresar
a ese fatal instante.
Te mantendría a salvo
en un lugar seguro,
si es que existe refugio
alguno para las mujeres.

Crecerías desde la raíz,
fuerte, confiada,
sin pozos ciegos
como la brea,
sin malos vientos
que sesgan vidas,
sin puertas falsas
ni guaridas secretas.
Tu grito
bien amarrado
al mío.

XIII

De Yocasta a Hipónome

DE UN TIEMPO a esta parte
me distraigo
hablando a solas con la familia.
Desmenuzo esa palabra
entre los dientes
sin acabar de desentrañar
el alcance de su significado,
lazos de sangre
que se endurecen
como sogas
en torno a mi cuello,
la persistencia de un sabor
ferroso en la boca,
antiguos vínculos

que espesan
el aire que respiro,
me doblan sobre mí misma,
culpas que estrangulan
y no son mías.

Quema la mano del amado
sobre la curva del vientre.

No sabemos quién fue nuestra madre
ni que otro hombre provocó su herida,
pero su sangre, roja como el vino,
es un caudal irrefrenable
que me arrastra
a remansos más tranquilos,
sin luchas internas
ni forcejeos de conciencia.

No espero respuesta alguna
a este puñado de letras torcidas
que emborrono antes de partir.
Será el mío un viaje solo de ida,

yo misma me sorprendo
de la necesidad
de aprobación
por tu parte,
somos, al fin y al cabo,
dos completas extrañas,
como quisiera serlo yo
para los míos
en este último día.

Mi vientre se ha poblado
de monstruos
que parece
no pueden convivir en paz
en una carrera sin sentido
en la que, averiguar la verdad,
ha resultado ser la meta
hacia el abismo.

Supongo que mi sangre repite
una historia más antigua,
el dolor de madres a hijas

que se transmite
de generación en generación.

No nos queda más
que recoger el testigo,
apretar los dientes,
anudarse el alma
a los entresijos de la piel
y dejarse llevar
a un lugar más liviano,
el refugio de la infancia,
nuestro río del Olvido.

XIV

De Hipónome a Yocasta

LLEGÓ antes la noticia
que tus cartas.
Sentada al borde del agua,
se va llevando el regato
esa sangre oscura
de la que me hablas
mientras restriego
tus palabras sobre la piedra,
todas se borran menos una.
Hubiéramos podido entendernos
sin tener que llamarnos hermanas.
Aún guardo en la memoria
una imagen desvaída
de una tarde de solana
jugando tras el aljibe.

Habíamos saltado
el cercado de cañas
que separaba
la casa de la huerta,
teníamos las manos llenos
de ciruelas maduras,
los labios tintados de jugo,
esa risa fácil de las últimas
tardes de verano.

Con la llegada del rocío
empaquetaron tus cosas
a hurtadillas,
como si fuera delito.

Me quedé todo el día
calentando tu hueco,
al atardecer planté
los huesos de las ciruelas
al borde de la acequia.

Allí he enterrado también tu carta,
bajo las ramas cuajadas de fruta
en este otro cálido día de verano.

XV

De Penélope a Peribea

DE AGUA es mi cinturón de castidad,
el corte limpio de la nave
alejándose mar adentro.
Afilada herida de sal
en la canal de mi cuerpo,
orfandad a pie de orilla,
su escueta despedida.

Elegí la urdimbre de la tierra,
la sólida raza de las tejedoras,
el mástil del telar,
la vela en el sudario,
de espaldas al mar y sus estruendos.

No tenías que habérmelo devuelto, madre,
que se quedara retenido en tus entrañas,
seducido por tu ondulada cabellera,
al arrullo de tus líquidos brazos,
ese estrecho paso entre tus caderas.
El lejano vaivén de su aliento
es la estela de un sueño quebrado,
la seducción en cada tormenta.

Yo hubiera seguido
labrando los campos,
recogiendo algarrobas,
prensando aceite.
Cada anochecer
subiría al aprisco
de la mano de mi hijo,
contemplaría el brazo de agua
que nos mantiene a resguardo,
cada uno en su sitio,
protegidos de malos vientos,
de falsas noticias
de un pronto regreso a casa.

XVI

De Peribea a Penélope

ESTE ACERVO temor a la mar,
el anhelo de echar raíces,
la crianza del hijo,
los cuidados de la casa,
la estipulada jerarquía social,
el deber para los tuyos.

Ojalá pudieras desplegar
las velas de tu destino
con la conciencia tranquila
—igual que lo hacen ellos—.

Tu hijo te agarró de la mano
aquella noche en la orilla;
os vi enfilar la cuesta,

pasos acompasados
hasta la casa de las anclas.

El bordado del tiempo
entre los lizos del telar.

XVII

De Antígona a Ismene

TRAS LA PARED de adobe,
lumbre en la mirada.

Finjo estar dormida
cuando te deslizas
entre las sábanas,
los pies fríos como peces,
tu risa, un caño de agua.

Mientras batanas
paños de sangre,
yo abro las manos
al surco del espanto.

El agua se lleva la culpa,
la tierra solo la abraza.

Relumbran los huesos
de nuestro hermano
sobre el límpido
sudario del campo.

Al ocaso, la sangre se acalla.
Presa yo en la negra tierra,
tú de vuelta al cauce del agua.

XVIII

De Ismene a Antígona

Ese ORGULLO por hacerlo todo sola,
apartándonos de tu lado
como si nos protegieras;
el heredado afán de entender
que te lleva como un vendaval
de una tumba a otra,
¡a saber dónde hubieras podido
zafarte del espanto!
Desde siempre,
la soberbia
te ha hablado
en voz muy alta.
Yo soy la cobarde,
la «obscena»,
la tragedia callada,

el dolor
que no se muestra
en proscenio,
la boca siempre cerrada.

Al ocaso la sangre se acalla.
Presa tú en la negra tierra,
yo de vuelta al cauce del agua.

XIX

De Pirra a Naama

Una pardela torda
te llevará en su pico
la hierbaluisa
que me pediste;
no queda apenas reserva de jara,
pero te enviaré algunas malvas
cuando amaine la tormenta.
De ti espero unas letras alentadoras,
una señal de tu cielo, un claro en el mío,
el cormorán posado sobre su roca,
la gaviota que anuncia un pedazo de tierra.

Cualquier indicio que nos permita
liberarnos de esta carga,

conversar frente a la hoguera,
calentarnos los huesos,
cada cual se apañe como pueda.

XX

De Naama a Pirra

En la jarcia se ha posado
tu pardela torda,
un soplo de aire fresco
para estas tablas podridas.

Te agradezco la hierbaluisa,
en la bodega escasea el grano,
hago cocciones de avena barbata
para combatir el hedor de la sentina.
Los animales enferman día a día
y él se pasa las noches tosiendo.
Somos viejas para esta encomienda.
Mejor estaríamos tú y yo solas
frente al fuego del hogar,

el puchero hirviendo en la lumbre,
los hijos corriendo por la huerta,
el calor del sol en los huesos,
pocos secretos, alguna confidencia.

XXI

De Ariadna a Pasifae

ENREDADA en mil cosas,
afanes quiméricos,
amores inoportunos,
sortilegios varios
para detener el tiempo,
tu ajado abanico de pavo real
—un ojo por cada admirador—,
me sorprendiste una tarde en la baranda.

Recuerdo mis manos temblorosas,
la mirada baja, el cuerpo encogido
—apenas tenía doce años—,
recuerdo también la crispación de tu voz
cuando me preguntaste a bocajarro
si mi temor era por el morador del laberinto.

Me sorprendió tu ceguera, madre,
el ogro nunca fue el minotauro,
sino su heroico matador,
el joven, seductor, Teseo.

XXII

De Pasifae a Ariadna

ME gusta observarte
desde la distancia
mientras dibujas
una canción
en los labios.
La luz del sol
sobre tu espalda,
el cabello recogido,
las manos laboriosas,
esa mirada tan tuya,
prendida en el rumbo
de las nubes que pasan.

La tarde en que recogí
tu cuaderno en la baranda,

busqué pájaros, flores,
el intenso azul del mar,
la luz en los almendros.

Pero solo encontré
una bancada de ojos negros,
escurridizos peces de rabia
boqueando en una ciénaga
tan oscura como la sangre.

XXIII

De Ariadna a Fedra

DESDE niña
tú a tus cosas,
Yo a las mías.
Pausada en las maneras,
con ese punto de acatamiento
a normas y rutina
que te hacen tan grata
a los adultos,
casi invisible
en tu particular
mundo de signos,
caracteres indescifrables
que conforman el laberinto.
Prendidas ambas
del engañoso ovillo.

XXIV

De Fedra a Ariadna

FUERON dos las deserciones,
la tuya y la mía.
Ocupado en heroicas tareas,
azarosos viajes, guerras adversas,
Teseo no tuvo tiempo
siquiera de amarnos.

Tú lo esquivaste en un sueño,
yo en su joven reflejo,
enredadas ambas
en los aledaños del mito.
Una hila, la otra devana...
intrincado, engañoso ovillo.

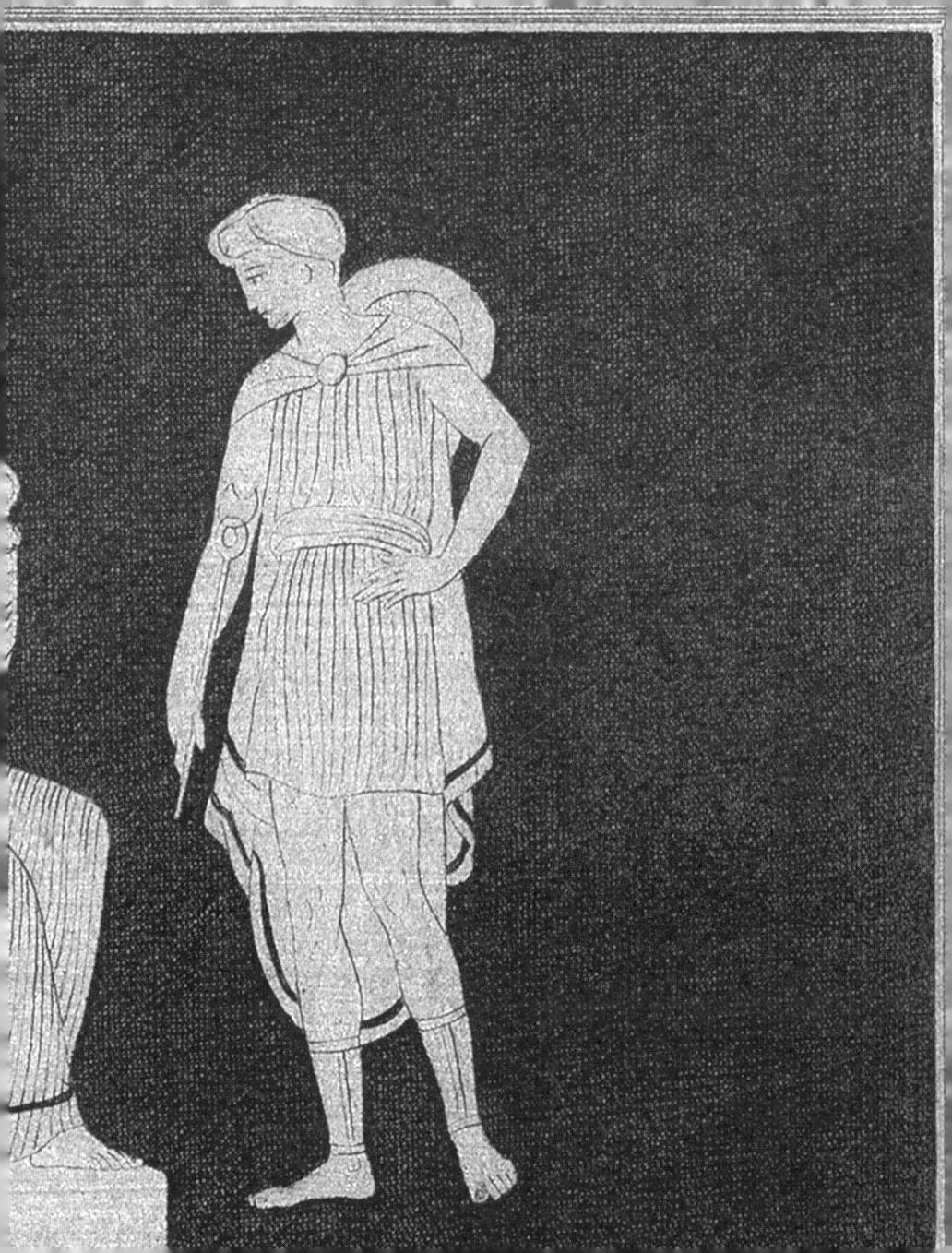

XXV

De Pandora a Lilith

Al otro lado del mar,
tan única y primigenia
como yo,
sé que respiramos a un tiempo.
Te siento contar las noches
al compás de cada marea,
tu voz contra el rompiente,
mis ojos dos faros de lumbre
que peinan la mar en tu busca.
Corro a casa con el pelo revuelto,
las manos sucias de arena,
el corazón desbocado
y un puñado confuso
de palabras extranjeras.

Abrasa el sol en la piel
mientras tu grito se acomoda
a cada hueco de mi cuerpo.

Esta noche descifraré el mensaje,
desataré la caja de los vientos
y saldré a buscarte.

Eso no se lo esperan ellos.

XXVI

De Lilith a Pandora

SE HA levantado Nordeste
en la otra cara del mar,
el lugar donde ella aguarda.
No sé qué aspecto tiene,
el pálpito de su vientre
o el temor de sus ojos,
pero su voz me limpia
cada vez que entro en el agua
después de yacer con él.

Quizá el mar sea el camino
y esta nueva palabra
traída por la marea
el único salvavidas,
Esperanza.

XXVII

De Medea a Hécate

CRECÍ en la encrucijada,
cada uno de mis actos
fue cuestionado
por tu severo juicio,
mi excesiva entrega
a la ilusión del amor,
la anteposición de la felicidad
a cualquier otra convención social,
mi contumaz rebeldía
frente a la resignación.
Al cabo del tiempo y sus bifurcaciones,
tan tricéfala y maga como yo,
nos reencontramos, madre,
al borde del camino,
cuando ya todo se ha cumplido
y no queda nadie a quien amar.

XXVIII

De Hécate a Medea

Poner límites al dolor.
No importa que la vida siga su curso,
que te nazcan hijos,
que los críes con devota solicitud,
que saludes sus logros,
acompañes sus fracasos,
duermas junto a tu esposo,
cuides de los padres,
asumas cuanto de bueno y malo
te traiga el devenir de la fortuna.

Si pudieras abrirme en canal
encontrarías un surco seco,
calcinado por el rayo
de ese único instante
en que murió tu hermano.

XXIX
De Polixena a Casandra

NACÍ extranjera y plural,
escrito está en mi nombre.
De todos y de nadie,
una mercancía de trueque,
una pieza más del tablero.

Eso tienen las guerras,
que nos despojan
de nuestra identidad.

Una vida por una muerte,
escrito está en mi nombre,
el precio de la hospitalidad.

XXX
De Casandra a Polixena

ME hubiera gustado
vivir en esa casa,
aunque me resistiera
con uñas y dientes
cuando me arrastraron
por el proceloso mar.

Hubiéramos sabido
entendernos
mi enemiga y yo.

Al discurrir del alba,
sin vencedores ni vencidos,
aventaríamos trapos sucios
mano a mano, lavaríamos

antiguas manchas de sangre,
una más entre las mujeres,
limpiando olivares,
bajando a la alberca,
vareando almendras
con los ojos entornados.

Íntima complicidad
mano sobre mano.

Los muertos
ella y yo.

XXXI

De Criseida a Briseida

Tiene las manos grandes,
la voz ronca de los oradores
—esa que todavía resuena
tiempo después de su partida—.
El sigiloso acecho
de una fiera agazapada,
la mirada esquiva,
el ademán brusco,
sus labios más fríos
que las lajas del río.
Ama a destiempo
y con premura,
acalla mis razones
en los confines de su boca,
me habla en otro idioma,

dos cuerpos enemigos
para un solo campo de batalla.

Su hijo
rugiendo de hambre
en mis entrañas.

XXXII
De Briseida a Criseida

Nos hemos despedido
al despuntar el día.
Llevas el cuerpo recogido,
los brazos anudados al vientre,
la cabeza siempre vuelta
hacia su puerta.
Tu padre camina deprisa,
sin mirar atrás,
sin esperarte siquiera.
Me haces una seña desde lo alto
antes de perderos de vista.

Tú vuelves a casa,
yo me quedo con ellos.

El aguijón de la envidia
nos hermana
una última vez.

Mi deseo de ser madre
en el cobijo de tu cuerpo.
Tu anhelo de ser amada
entre los pliegues del mío.

XXXIII

De Andrómaca a Helena

El único día que te maldije
fue el que compartimos
en la atestada playa de Troya.

Minutos antes de embarcar
lo había perdido absolutamente todo,
hasta el calor del cuerpo de mi hijo.
Qué más podía perder aquel día
en el que ya no era ni esposa ni madre.

Giraste un instante el rostro
cuando él te ofreció
obsequioso su brazo.

La impudicia
no estuvo en el gesto,
sino en la sonrisa.

No debería ser obscena la victoria.

XXXIV
De Helena a Andrómaca

TODAVÍA me quema
esa mirada tuya
antes de embarcar.

Desmadejados los brazos,
distendidos los miembros,
huérfanas las manos
sobre un regazo yermo,
nos igualamos tú y yo.

Busqué tus ojos desde la nave,
es cierto,
pero no esbocé sonrisa alguna,
la mía fue otra mueca
—horrísona—
de dolor.

XXXV

De Io a Linge

TE SORPRENDO a contraluz
disponiendo tu hatillo.
El viento es frío ahí fuera,
los días se acortan
y tu migrarás en breve
a tierras más cálidas,
como cada invierno.
Cada metamorfosis
tiene sus consecuencias.
Mujeres de corazón errante
al margen de la norma
escapan de la censura
como buenamente pueden.
Tú al frágil amparo de unas alas,
yo en una absurda carrera desbocada.

El tábano que nos persigue
no es más que la impotencia
de no haber sabido
cómo defendernos.

XXXVI

De Linge a Io

En las costas de Asia
han reverdecido
los tamarindos.

Pregunté a los estibadores
del puerto
si ya habías llegado.
Me dijeron que acababas
de cruzar el estrecho,
—lo habían bautizado con tu nombre—,
ni siquiera
te habías detenido.

No hay lugar
exento de tábanos.

XXXVII

De Aspasia a Thargelia

Estarán ya preñados de flores
los dorados campos de ajenjo,
las cimbreantes planicies de trigo
con sus espigas enhiestas,
la nívea bandada de polen
sobre los álamos de la ribera.
Temblor de agua en los tobillos,
fragante aroma de los cedros.
Ramilletes secos de artemisia
colgados de una viga en el zaguán.

En estos días convulsos de la ciudad,
la artrosis que deforma mis huesos,
la piel ajada, su humor cambiante,
la furia impenitente de nuestros detractores,

el cansancio de tener que defendernos,
echo terriblemente de menos
la certera intensidad de la luz.
Esa niñez fugaz con olor a cítricos,
tintura de caléndula, rodillas enrojecidas,
piel bronceada, pátina de mar.
Una playa al resguardo
para ver cruzar las nubes
con los ojos semicerrados.

Sanadora ceguera del sol.

XXXVIII

De Thargelia a Aspasia

ME ENTRISTECE el sordo rumor
que ensucia tus palabras.
Ese rastro ácido de desencanto,
la carcoma de la nostalgia.
Fuimos astros rutilantes
en una época de silencios.
Tuvimos la inmensa fortuna
de ser llamadas *hetairas*,
el único pasaporte posible
a nuestro inconmensurable
afán de libertad.
La inteligencia no resulta
una virtud cómoda
para las mujeres,

el paso del tiempo
no es amable con la belleza.

Queda sin embargo el rastro
de nuestros actos,
el eco de las palabras,
la pericia en la piel,
la agilidad de la mente,
esa estela brillante
en un mundo plagado de sombras.
Los pulidos guijarros de Anatolia,
el delicado poder de la artemisia.

Sanadora ceguera del sol.

XXXIX

De Lesbia a Clodia

ME acusas de banal,
inconstante, ambigua
en el juego del amor.
Tú, que te sabes fuerte,
de firmes principios,
racional hasta la médula,
poco dada a la entrega,
reacia al abandono.

Sin embargo,
es sobre tu piel
donde escribe versos
cada noche
el poeta.

XL

De Clodia a Lesbia

GUARDO grabada en la memoria
aquella mañana de primeros de otoño.
Crucé presurosa la verja del jardín,
tu nombre corría en boca de todos,
no había sombra ni portal
donde guarecerse de las miradas,
algunas compasivas,
la mayoría duras
como piedras.

Recogí algunas octavillas de la calle,
me sorprendió el rencor de sus versos,
los amores pasan como las golondrinas.
¿Recuerdas nuestras lágrimas
ante aquel cuerpecillo
todavía tibio en su jaula?

Te busqué para darnos consuelo,
subí al desván
donde solías esconderte de niña,
recorrí la huerta,
indagué en la cocina
—el fogón y su ajetreo fueron
escuela de vida
en los interminables
inviernos de infancia—.

Te habías esfumado,
mi querida Lesbia,
no volví a verte jamás,
te despediste
de todos nosotros
con aquellos últimos,
amargos,
yambos del poeta.

Epílogo

MUJERES a contramarea
labran surcos de vida
en los diques del tiempo.

Esta primera edición en
LOS VERSOS DE CORDELIA
de *RUMORES YÁMBICOS*
se acabó de imprimir
en la primavera de 2024

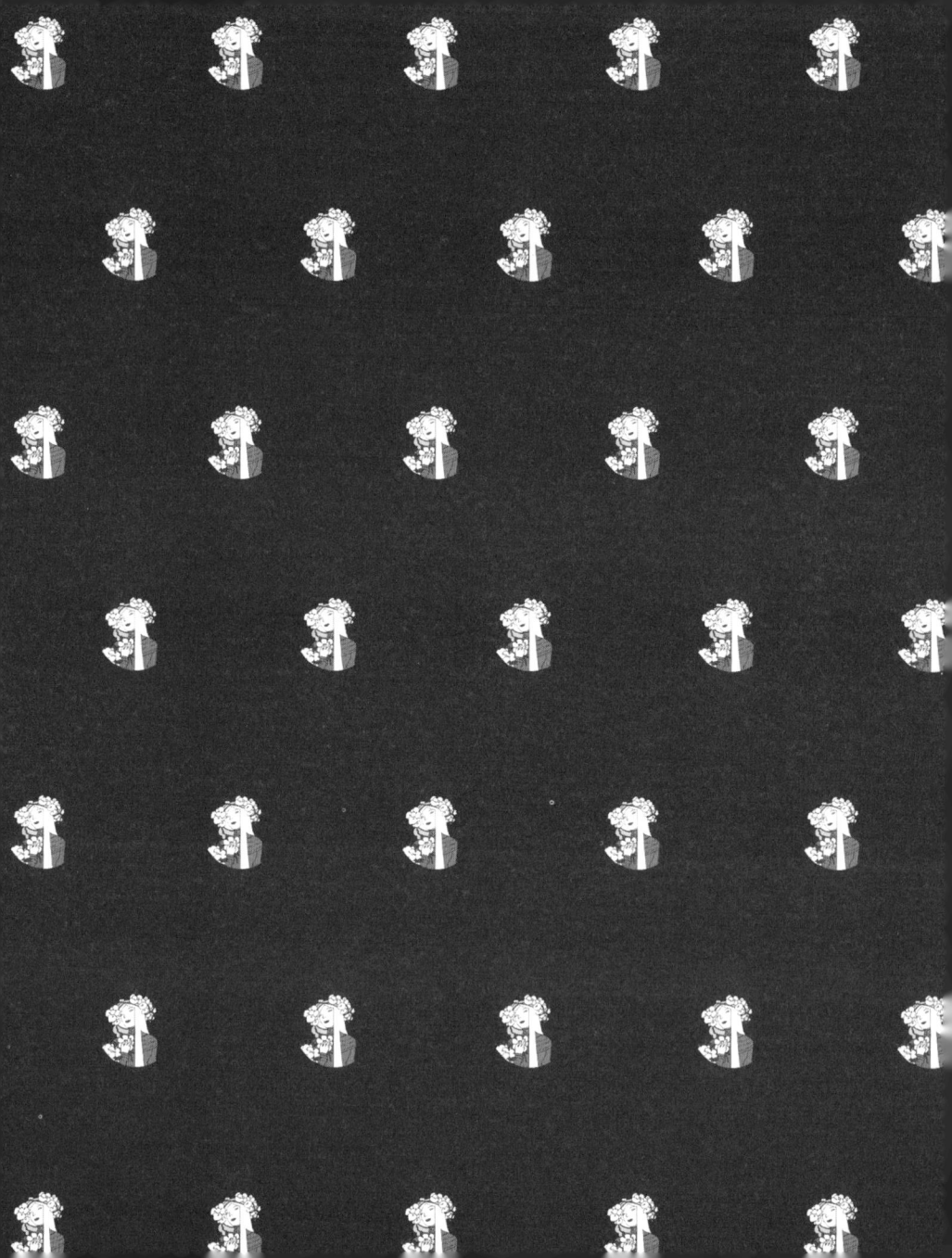